El Día de Muertos como Patrimonio Cultural de la Humanidad

By
Yujaina Bonilla Yañez

INTRODUCCIÓN

El Día de Muertos se alza como un monumento cultural, una celebración que fusiona la vida y la muerte, el recuerdo y la festividad. Pero más allá de sus vistosos altares y elegantes catrinas, el Día de Muertos es una manifestación arraigada en la esencia misma de la cultura mexicana. Este libro, "El Día de Muertos como Patrimonio Cultural de la Humanidad", nos invita a una exploración profunda de esta festividad, examinando no solo sus orígenes y tradiciones, sino también su evolución hasta convertirse en un tesoro cultural reconocido a nivel mundial.

A lo largo de estas páginas, emprenderemos un viaje desde los cimientos históricos del Día de Muertos hasta su consagración como Patrimonio Cultural de la Humanidad por la UNESCO. Descubriremos cómo esta festividad ha sido moldeada por siglos de creencias, rituales y manifestaciones artísticas, convergiendo en una celebración única que trasciende generaciones y fronteras.

No obstante, este libro no es solo un homenaje al Día de Muertos, sino también una reflexión sobre los desafíos y responsabilidades que conlleva su reconocimiento como Patrimonio Cultural de la Humanidad.

Nos detendremos en las cuestiones de preservación, autenticidad y participación comunitaria que son fundamentales para garantizar que esta festividad mantenga su esencia en un mundo en constante cambio, que ha cautivado corazones y mentes en todo el mundo, y una invitación a profundizar en sus significados más allá de su expresión superficial. A través de estas páginas, esperamos que los lectores encuentren una nueva apreciación por el Día de Muertos y una comprensión más profunda de su importancia como un patrimonio cultural que pertenece a toda la humanidad.

ÍNDICE

Capítulo 1: Orígenes y Evolución del Día de Muertos--11
1.1. Antecedentes Prehispánicos
1.2. Influencias Coloniales
1.3. Transformaciones a lo largo del Tiempo
En resumen, el Capítulo 1
Capítulo 2: Significado y Simbolismo----------
--17
2.1. La Dualidad de la Vida y la Muerte
2.2. Ofrendas como Puentes entre Mundos
2.3. El Pan de Muerto y su Profundo Significado
2.4. La Importancia de las Calaveras y Catrinas
2.5. El Significado Profundo de las Flores
2.6. El Papel de las Velas
2.7. El Espíritu de las Ofrendas
2.8. La Creación y Evolución del Altar
En resumen, el Capítulo 2
Capítulo 3: Ofrendas y la Conexión Familiar-
---22
3.1. El Significado Profundo de las Ofrendas
3.2. La Creación de Ofrendas: Un Acto de Devoción y Creatividad
3.3. Ofrendas Personalizadas
3.4. Las Ofrendas como Espacios de Recuerdo y Reflexión

3.5. La Importancia de la Participación de los Niños
3.6. El Rol de las Historias y Anécdotas
3.7. Las Ofrendas como Vínculo entre lo Terrenal y lo Espiritual
3.8. La Ofrenda como Rito de Paso y Sanación
En resumen, el Capítulo 3
Capítulo 4: El Rol de las Calaveras y Catrinas en el día de muertos--------------------------------28
4.1. Las Calaveras: Emblemas de la Muerte y la Vida
4.2. La Catrina: Elegancia en la Muerte
4.3. El Espíritu lúdico
4.4. El Mensaje de Igualdad
4.5. El Arte y la Cultura de las Calaveras y Catrinas
4.6. El Legado Perdurante
En resumen, el Capítulo 4
Capítulo 5: La Música y el Día de Muertos---34
5.1. La Importancia de la Música en la Cultura Mexicana
5.2. Los Sonidos Tradicionales del Día de Muertos
5.3. Las Letras que Honran a los Difuntos
5.4. La Evolución de la Música en el Día de Muertos

5.5. La Música como Vínculo Entre lo Terrenal y lo Espiritual
5.6. La Danza como Expresión de la Celebración
5.7. La Música en las Procesiones y Desfiles
5.8. El Día de Muertos y la Diversidad Musical
En resumen, el Capítulo 5
Capítulo 6: El Arte y la Estética del Día de Muertos--40
6.1. La Estética de las Ofrendas: Creando Altares Vivos
6.2. Artesanías y Esculturas: La Mano de los Artistas Mexicanos
6.3. La Pintura como Expresión del Día de Muertos
6.4. La Fotografía y el Día de Muertos: Inmortalizando la Tradición
6.5. La Escenografía y el Teatro como Medios de Expresión
6.6. El Arte Contemporáneo y el Día de Muertos
6.7. El Impacto del Arte en la Perpetuación de la Tradición
En resumen, el Capítulo 6
Capítulo 7: La Celebración en el Contexto Cultural Mexicano----------------------------------46
7.1. La Fusión de lo Religioso y lo pagano
7.2. Diferencias Regionales y Variaciones

Locales
7.3. La Comida como Vínculo entre los Vivos y los Muertos
7.4. La Importancia de los Mercados y Ferias
7.5. Las Calacas y los Desfiles
7.6. La Música y el Baile en el Día de Muertos
7.7. Rituales Religiosos y Espirituales
7.8. El Arte y la Creatividad como Manifestaciones del Día de Muertos
7.9. La Familia como Centro de la Celebración
En resumen, el Capítulo 7

Capítulo 8: El Impacto del Día de Muertos en la Cultura Popular--------------------------------52
8.1. El Día de Muertos en el Cine y la Televisión
8.2. El Día de Muertos en la Literatura y las Artes Visuales
8.3. El Día de Muertos en la Moda y el Diseño
8.4. El Día de Muertos en la Música y el Entretenimiento
8.5. El Día de Muertos como Tema de Turismo y Eventos Culturales
8.6. El Día de Muertos como Fenómeno Global
En resumen, el Capítulo 8

Capítulo 9: Día de Muertos y la Identidad Nacional--57
9.1. El Día de Muertos como Símbolo de Mexicanidad

9.2. La Continuidad Cultural a Través de las Generaciones
9.3. El Día de Muertos como Resistencia Cultural
9.4. El Día de Muertos y la Intersección de lo Religioso y lo Espiritual
9.5. El Día de Muertos como unificador Nacional
9.6. El Día de Muertos en el Contexto de la Globalización
9.7. El Día de Muertos y la Construcción de una Narrativa Nacional
En resumen, el Capítulo 9
Capítulo 10: El Día de Muertos en el Turismo Cultural---62
10.1. La Evolución del Día de Muertos como Destino Turístico
10.2. Oaxaca: Epicentro del Turismo del Día de Muertos
10.3. Janitzio y Mixquic: Destinos Emblemáticos del Día de Muertos
10.4. El Impacto Económico del Turismo del Día de Muertos
10.5. Desafíos y Oportunidades del Turismo del Día de Muertos
10.6. El Papel de la Promoción y Difusión
10.7. El Día de Muertos como Puente Cultural
10.8. La Sostenibilidad en el Turismo del Día de

Muertos
En resumen, el Capítulo 10

Capítulo 11: Día de Muertos en la Educación-
--68
11.1. El Día de Muertos como Recurso Educativo
11.2. La Importancia de la Tradición Oral y Narrativa
11.3. La Creación de Ofrendas como Proyecto Educativo
11.4. El Día de Muertos y la Enseñanza de la Tolerancia Cultural
11.5. El Día de Muertos y la Reflexión sobre la Vida y la Muerte
11.6. El Día de Muertos y la Promoción de Valores Humanos
11.7. El Día de Muertos como Puente Entre Generaciones en el Aprendizaje
En resumen, el Capítulo 11

Capítulo 12: Día de Muertos en el Mundo-----
--74
12.1. El Día de Muertos como Fenómeno Global
12.2. El Día de Muertos en la Diáspora Mexicana
12.3. Adaptaciones y Fusiones Culturales
12.4. El Día de Muertos como Puente Cultural

12.5 El Día de Muertos como Herramienta de Educación Cultural
12.6. Desafíos y Controversias en la Celebración Internacional del Día de Muertos
12.7. El Futuro del Día de Muertos en el Mundo
En resumen, el Capítulo 12
Capítulo 13: Desafíos y Controversias Actuales en la Celebración del Día de Muertos--80
13.1. Apropiación Cultural y Comercialización
13.2. La Balanza entre la Tradición y la Modernidad
13.3. Preservación de la Autenticidad y Diversidad Regional
13.4. Inclusión y Respeto por las Creencias Religiosas
13.5. La Importancia del Diálogo y el Consentimiento
En resumen, el Capítulo 13
Capítulo 14: Futuro del Día de Muertos como Patrimonio Cultural de la Humanidad---85
14.1. La Evolución de las Tradiciones
14.2. La Preservación de la Autenticidad Cultural
14.3. La Educación y la Transmisión de la Tradición

14.4. El Día de Muertos en un Mundo Globalizado
14.5. Desafíos de Sostenibilidad y Respeto Cultural
14.6. El Papel de la Comunidad y la Participación Activa
14.7. La Exploración de Nuevas Formas de Celebración
En resumen, el Capítulo 14

Capítulo 1

Orígenes y Evolución del Día de Muertos

1.1. Antecedentes Prehispánicos

El Día de Muertos, una celebración profundamente arraigada en la cultura mexicana, emerge de las antiquísimas raíces de las civilizaciones mesoamericanas. Este ritual sagrado era especialmente prominente entre los aztecas, quienes lo honraban como el Miccailhuitontli (el señor de la muerte), una festividad dedicada a los difuntos, celebrada en el noveno mes del calendario solar azteca.

Esta conmemoración milenaria estaba fundamentada en la creencia de que la muerte no era un fin, sino una transición a otra forma de existencia. Para los aztecas, la vida y la muerte eran partes interconectadas de un ciclo eterno, y el Miccailhuitontli se erigía como un tributo a esta concepción cósmica.

1.2. Influencias Coloniales

Con llegada de los conquistadores españoles en el siglo XVI, esta celebración pagana se entrelazó con las festividades católicas de "Todos los Santos y Todos los Difuntos", que tenían lugar los días 1 y 2 de noviembre respectivamente. Esta amalgama cultural fue un punto de encuentro entre dos cosmovisiones aparentemente dispares: la visión mesoamericana de la muerte como parte natural de la existencia y la perspectiva católica que enfatizaba la esperanza en la vida eterna.

De esta fusión nació una nueva y rica tradición: el Día de Muertos. Esta festividad conjugó elementos de ambas culturas, dando como resultado una celebración única que honra tanto a los difuntos como a la vida que compartieron con los vivos. Las ofrendas, elementos centrales de la celebración, se convirtieron en altares elaborados que incluían velas, flores, comida y objetos personales de los fallecidos. Cada uno de estos elementos portaba un simbolismo profundo, desde las velas que iluminaban el camino de regreso de los difuntos hasta las flores, especialmente los cempasúchiles, que representaba la fugacidad de la vida.

El Día de Muertos no solo se celebra en los hogares, sino también en los cementerios. Familias enteras se congregan en torno a las tumbas de sus seres queridos, compartiendo momentos de recuerdo y reflexión. La creencia en la presencia espiritual de los difuntos en esta ocasión es un pilar fundamental de la festividad. Se cree que, durante estos días, el velo que separa el mundo de los vivos del reino de los muertos se vuelve más tenue, permitiendo una comunicación especial entre ambas esferas.

1.3. Transformaciones a lo largo del Tiempo

A medida que el Día de Muertos se arraigaba en la cultura mexicana, también adquirió matices regionales. En distintas partes del país, se integraron tradiciones locales y creencias particulares. Por ejemplo, en algunas comunidades, se acostumbra realizar procesiones hacia los cementerios, a menudo acompañadas de música y bailes tradicionales. En otras, se llevan a cabo representaciones teatrales o se organiza un banquete en honor a los difuntos.

El simbolismo de la calavera, elemento icónico del Día de Muertos, se entremezcla con esta celebración. Las calaveritas de azúcar, conocidas como "calaveritas de dulce", son elaboradas con maestría por artesanos locales y constituyen un tributo tanto a la mortalidad como a la dulzura de la vida. Además, las famosas figuras de La Catrina, creadas por el ilustrador José Guadalupe Posada a finales del siglo XIX, se han convertido en emblemas de esta festividad, personificando la idea de que la muerte es un nivelador universal, afectando a ricos y pobres por igual.

Con el paso de los siglos, el Día de Muertos se ha convertido en un fenómeno cultural de relevancia mundial. Su inclusión en la lista de Patrimonio Cultural Inmaterial de la Humanidad de la UNESCO en 2008 resalta su importancia y trascendencia. Esta designación no solo reconoce el valor intrínseco de la celebración, sino también su papel en la preservación de la diversidad cultural y en el fomento del diálogo intercultural.

En resumen, el Capítulo 1:

Nos sumerge en los orígenes del Día de Muertos, subrayando su arraigo en las antiguas civilizaciones mesoamericanas y su posterior amalgama con las festividades católicas. Esta síntesis cultural dio lugar a una celebración profundamente enraizada en la identidad mexicana y que ahora es reconocida y celebrada a nivel global. La tradición del Día de Muertos se mantiene viva, enriqueciéndose con el paso de los siglos, y continúa siendo un tributo a la vida y a la inmortalidad del espíritu humano.

Capítulo 2

Significado y Simbolismo del Día de Muertos

El Día de Muertos, arraigado en la cultura mexicana, va más allá de una simple conmemoración de los fallecidos. Este capítulo se adentra en las profundidades del significado y simbolismo que subyacen en esta celebración tan venerada.

2.1. La Dualidad de la Vida y la Muerte:

El Día de Muertos es una reflexión de la cosmovisión mesoamericana, donde la muerte no es un fin, sino una transición. Es una afirmación de la dualidad de la vida y la muerte, de cómo coexisten y se complementan. Los aztecas, por ejemplo, creían en el concepto de "Mictlán", un reino de los muertos donde las almas descansaban antes de su última travesía.

2.2. Ofrendas como Puentes entre Mundos:

El corazón del Día de Muertos radica en las ofrendas. Estas no son solo arreglos decorativos, sino puentes simbólicos entre los vivos y los difuntos. Las velas iluminan el camino de regreso de las almas, las flores de cempasúchil guían su camino y el aroma del incienso atrae sus espíritus.

2.3. El Pan de Muerto y su Profundo Significado:

El pan de muerto, una delicia tradicional, no es simplemente alimento, sino un símbolo con varias capas de significado. La forma circular representa el ciclo eterno de la vida y la muerte, y los adornos de masa simulan huesos. La esencia de la levadura, anís y azahar, evoca los aromas que agradan a las almas.

2.4. La Importancia de las Calaveras y Catrinas:

Las calaveras y las Catrinas, icónicas en el Día de Muertos, son representaciones artísticas de la muerte. Las calaveritas de azúcar, intrincadamente decoradas, no son recordatorios de la mortalidad, sino homenajes a la dulzura de la vida. Las Catrinas, elegantes damas esqueléticas, personifican la universalidad de la muerte, recordándonos que, independientemente de la riqueza o posición social, todos enfrentamos el mismo destino.

2.5. El Significado Profundo de las Flores:

Las flores, especialmente el cempasúchil, desempeñan un papel vital en el Día de Muertos. Su vibrante color naranja y su aroma embriagador simbolizan el ciclo de la vida y la muerte. Los pétalos de cempasúchil esparcidas forman un camino que guía a los espíritus hacia sus seres queridos.

2.6. El Papel de las Velas:

Las velas tienen un papel esencial en la festividad. Más allá de su función práctica, su llama titilante representa la vida fugaz y efímera, iluminan el camino de regreso para los seres queridos, quienes se cree, visitan a los vivos durante estos días especiales.

2.7. El Espíritu de las Ofrendas:

Las ofrendas son una expresión tangible de amor y respeto hacia los difuntos. Cada elemento tiene un propósito y un simbolismo profundo. La comida, los objetos personales y las fotografías evocan recuerdos y fomentan la conexión emocional entre los vivos y los fallecidos.

2.8. La Creación y Evolución del Altar:
La construcción del altar es un acto de devoción y creatividad. Cada elemento se coloca con cuidado y significado. El altar es un espacio sagrado donde los vivos se encuentran con los espíritus de los ausentes, donde se entrelazan lo terrenal y lo divino.

En resumen, el Capítulo 2:

Revela la riqueza de simbolismo y significado que yace en el corazón del Día de Muertos. Esta celebración trasciende la mera conmemoración de los difuntos, siendo una afirmación de la dualidad de la vida y la muerte, y una oportunidad para conectarnos con nuestros seres queridos, tanto presentes como ausentes. Cada elemento, desde las velas hasta las flores y las ofrendas, se carga de un significado profundo que enriquece esta festividad única y conmovedora.

Capítulo 3

Ofrendas y Conexión Familiar

El acto de crear y presentar ofrendas durante el Día de Muertos es una expresión profunda de la conexión entre los vivos y los difuntos. Este capítulo explora cómo las ofrendas sirven como un medio para honrar y mantener viva la relación entre las generaciones, fortaleciendo así los lazos familiares a lo largo del tiempo.

3.1. El Significado Profundo de las Ofrendas:

Las ofrendas, conocidas como "altares" en algunos casos, son mucho más que simplemente una disposición de objetos. Representan un acto de amor y respeto hacia los seres queridos que han fallecido. Cada elemento de la ofrenda tiene un significado simbólico y evoca recuerdos y emociones relacionadas con el difunto.

3.2. La Creación de Ofrendas: Un Acto de Devoción y Creatividad:

La elaboración de una ofrenda es un proceso que implica dedicación y creatividad. Las familias se reúnen para seleccionar cuidadosamente los elementos que formarán parte de la ofrenda, desde alimentos favoritos del difunto hasta fotografías y objetos personales. Este proceso fomenta la colaboración y el intercambio de historias y recuerdos, fortaleciendo los lazos familiares.

3.3. Ofrendas Personalizadas:

Cada ofrenda es única y refleja la personalidad y los intereses del difunto. Al incluir elementos que eran significativos para la persona fallecida, se establece un vínculo emocional entre los vivos y los que ya no están presentes físicamente. Este acto de personalización profundiza la conexión entre las generaciones.

3.4. Las Ofrendas como Espacios de Recuerdo y Reflexión:

Las ofrendas proporcionan un espacio tangible para recordar y reflexionar sobre los seres queridos que han fallecido. Al contemplar los objetos y elementos de la ofrenda, los familiares y amigos pueden revivir momentos especiales y sentir la presencia espiritual de los difuntos.

3.5. La Importancia de la Participación de los Niños:

El Día de Muertos es una festividad que involucra a personas de todas las edades, incluidos los niños. Al participar en la creación de ofrendas, los niños aprenden sobre sus antepasados y la importancia de honrar la memoria de aquellos que vinieron antes que ellos. Esta experiencia educativa y emocional contribuye a la formación de una fuerte conexión familiar.

3.6. El Rol de las Historias y Anécdotas:

La creación de ofrendas es una oportunidad para compartir historias y anécdotas sobre el difunto. Al narrar experiencias y recuerdos, se preserva la memoria de la persona fallecida y se transmite a las generaciones futuras. Estas narraciones fortalecen la conexión entre las generaciones y enriquecen la comprensión de la historia familiar.

3.7. Las Ofrendas como Vínculo entre lo Terrenal y lo Espiritual:

Se cree que las ofrendas actúan como un puente entre el mundo de los vivos y el de los difuntos. Al colocar alimentos y objetos en la ofrenda, se cree que se alimenta el alma de los fallecidos y se les brinda comodidades en su viaje espiritual. Esta creencia subraya la creencia en una continuidad de la vida más allá de la muerte.

3.8. La Ofrenda como Rito de Paso y Sanación:

La creación y presentación de ofrendas puede ser un proceso terapéutico para aquellos que están en duelo. Brinda un espacio para expresar emociones y honrar la memoria del difunto de una manera significativa. Este acto de sanación y despedida fortalece la conexión emocional entre los vivos y los que han fallecido.

En resumen, el Capítulo 3:

Destaca el papel fundamental de las ofrendas

en la celebración del Día de Muertos y en la conexión familiar. Estos altares son más que simples disposiciones de objetos; representan un acto de amor y respeto hacia los difuntos y un medio para mantener viva la relación entre las generaciones. La creación de ofrendas es un proceso que fomenta la colaboración, la creatividad y el intercambio de historias entre los miembros de la familia. Al personalizar las ofrendas e incluir elementos significativos para el difunto, se profundiza la conexión emocional. Las ofrendas sirven como espacios de recuerdo y reflexión, y proporcionan una oportunidad para compartir historias y anécdotas sobre los seres queridos que han fallecido. En última instancia, las ofrendas actúan como un vínculo entre lo terrenal y lo espiritual, y contribuyen a la sanación y el proceso de duelo de quienes participan en su creación.

Capítulo 4

El Rol de las Calaveras y Catrinas en el Día de Muertos

El Día de Muertos se distingue por la presencia prominente de calaveras y Catrinas, elementos icónicos que infunden profundidad y carácter a esta festividad. Este capítulo se adentra en el simbolismo y la evolución de estas representaciones de la muerte en la cultura mexicana.

4.1. Las Calaveras: Emblemas de la Muerte y la Vida:

Las calaveras, en el contexto del Día de Muertos, no son macabras, sino celebratorias. Estas representaciones esqueléticas encarnan una dualidad única: son recordatorios de la mortalidad humana pero también símbolos de la inmortalidad del espíritu. Labradas en azúcar o modeladas en chocolate, las calaveras de dulce son ofrendas exquisitas y apetecibles que encierran un profundo significado.

Asimismo, las calaveras se presentan en diversas formas artísticas. Desde intrincadas esculturas de papel maché hasta pinturas vivaces, estos iconos se despliegan en altares y decoraciones, recordando a los vivos que la muerte es una parte inextricable de la vida.

4.2. La Catrina: Elegancia en la Muerte:

La Catrina, una figura esquelética elegantemente vestida, es uno de los emblemas más reconocibles del Día de Muertos. Creada por el ilustrador José Guadalupe Posada a finales del siglo XIX, la Catrina es una representación satírica de la alta sociedad mexicana de la época. Su vestuario ostentoso y su sombrero de plumas contrastan con su naturaleza esquelética, subrayando la universalidad de la muerte y la igualdad que esta impone a todos.

La Catrina se ha convertido en una figura icónica que trasciende su origen satírico. Hoy en día, es un símbolo de elegancia y gracia en medio de la inevitabilidad de la muerte. Se encuentra en diversos medios, desde esculturas y pinturas hasta disfraces utilizados en las festividades.

4.3. El Espíritu lúdico:

A pesar de su conexión con la muerte, las

calaveras y Catrinas no transmiten una sensación de melancolía, sino que añaden un toque lúdico a la celebración. Las calaveras de azúcar, con sus elaborados detalles y colores vibrantes, son verdaderas obras de arte comestibles. La creación y decoración de estas calaveras se convierte en una actividad divertida y creativa, especialmente para los más jóvenes.

4.4. El Mensaje de Igualdad:

Las representaciones de calaveras y Catrinas transmiten un mensaje poderoso de igualdad en la muerte. Al despojarse de la carne y la piel, estas figuras revelan la esencia espiritual que todos compartimos, independientemente de nuestra posición social o riqueza. La muerte niveladora se convierte en un recordatorio de la humanidad común que todos compartimos.

4.5. El Arte y la Cultura de las Calaveras y Catrinas:

El arte relacionado con las calaveras y Catrinas ha evolucionado con el tiempo. Desde las xilografías de Posada hasta las reinterpretaciones contemporáneas, estas representaciones siguen siendo una fuente de inspiración para artistas de todas las generaciones. Pintores, escultores y artesanos, y a que encuentran en estas figuras un lienzo poderoso para explorar la naturaleza efímera de la vida y la universalidad de la muerte.

4.6. El Legado Perdurante:

El impacto de las calaveras y Catrinas en la cultura mexicana es innegable. Estas representaciones han trascendido su función original y se han convertido en símbolos arraigados en la identidad del país. No solo son elementos decorativos, sino que también son portadores de un profundo mensaje filosófico y cultural sobre la naturaleza de la vida y la muerte.

En resumen, el Capítulo 4:

Nos sumerge en el simbolismo y la evolución de las calaveras y Catrinas en el Día de Muertos. Estas representaciones de la muerte no son simplemente recordatorios de la mortalidad, sino también celebraciones de la vida y la inmortalidad del espíritu. Desde las ingeniosas xilografías de Posada hasta las exquisitas calaveras de azúcar, estas figuras trascienden su función original y se convierten en emblemas de la cultura mexicana. Su legado perdura como testamento de la habilidad del arte para trascender el tiempo y la cultura, y para explorar los aspectos más profundos de la existencia humana.

Capítulo 5

La Música y el Día de Muertos

La música desempeña un papel central en la celebración del Día de Muertos en México. Este capítulo explora la rica tradición musical que acompaña esta festividad, desde las canciones tradicionales hasta las interpretaciones contemporáneas que enriquecen la experiencia del Día de Muertos.

5.1. La Importancia de la Música en la Cultura Mexicana:

La música es una parte fundamental de la cultura mexicana, y el Día de Muertos no es la excepción. Desde los acordes de las guitarras hasta las vibraciones de los tambores, la música crea un ambiente emocional y espiritual que enriquece la celebración.

5.2. Los Sonidos Tradicionales del Día de Muertos:

El son, un género musical folklórico mexicano, tiene un lugar destacado en las festividades del Día de Muertos. Su ritmo alegre y contagioso acompaña las procesiones y las celebraciones en los cementerios. Las bandas de músicos tradicionales llenan el aire con sus interpretaciones, creando un ambiente festivo y conmovedor.

5.3. Las Letras que Honran a los Difuntos:

Las letras de las canciones del Día de Muertos a menudo abordan temas de la muerte, la memoria y la celebración de los seres queridos que han partido. Estas letras transmiten un sentido de conexión con los difuntos y una aceptación serena de la inevitabilidad de la muerte. A través de la música, se honra la vida y el legado de aquellos que ya no están presentes físicamente.

5.4. La Evolución de la Música en el Día de Muertos:

A medida que el Día de Muertos ha evolucionado con el tiempo, también lo ha hecho la música asociada con esta festividad. Se han incorporado influencias contemporáneas y fusiones de géneros musicales. Esto ha dado lugar a interpretaciones modernas y adaptaciones creativas que mantienen viva la tradición, al tiempo que reflejan la diversidad y la innovación en la escena musical mexicana.

5.5. La Música como Vínculo Entre lo Terrenal y lo Espiritual:

Se cree que la música tiene el poder de conectar el mundo de los vivos con el de los difuntos durante el Día de Muertos. Se dice que las notas musicales actúan como un puente que facilita la comunicación entre ambos planos de existencia. Esta creencia subraya el papel sagrado y espiritual de la música en esta festividad.

5.6. La Danza como Expresión de la Celebración:

La música del Día de Muertos a menudo va acompañada de danzas tradicionales. Estas expresiones corporales agregan un elemento visual y emotivo a la celebración. Las danzas permiten a las comunidades expresar sus emociones y su devoción a través del movimiento y la coreografía.

5.7. La Música en las Procesiones y Desfiles:
Las procesiones y desfiles son momentos

destacados del Día de Muertos, y la música juega un papel esencial en estos eventos. Bandas y grupos musicales acompañan a las procesiones, creando una atmósfera festiva y solemne al mismo tiempo. La música en vivo es un elemento vital que agrega energía y emoción a la celebración.

5.8. El Día de Muertos y la Diversidad Musical:

El Día de Muertos ofrece un espacio para una amplia variedad de expresiones musicales. Desde las serenatas melancólicas hasta las melodías alegres, la diversidad de géneros y estilos musicales refleja la riqueza cultural de México. Esta diversidad enriquece la experiencia del Día de Muertos y permite que la festividad resuene de manera significativa en diferentes comunidades y regiones del país.

En resumen, el Capítulo 5:

Nos sumerge en el mundo de la música del Día de Muertos en México. Esta festividad está impregnada de melodías y ritmos que enriquecen la experiencia y transmiten un sentido profundo de conexión espiritual y emocional. Desde las tradicionales bandas de músicos hasta las interpretaciones contemporáneas, la música es una parte esencial de la celebración del Día de Muertos. A través de sus notas y letras, se honra a los difuntos y se celebra la vida en un acto de profundo significado cultural y espiritual.

Capítulo 6

El Arte y la Estética del Día de Muertos

El Día de Muertos en México es una festividad donde el arte y la estética desempeñan un papel central. Este capítulo explora la rica tradición artística que rodea esta celebración, desde las elaboradas ofrendas hasta las representaciones visuales y escultóricas que dan vida a esta festividad única.

6.1. La Estética de las Ofrendas: Creando Altares Vivos:

Las ofrendas del Día de Muertos son verdaderas obras de arte en sí mismas. Cada elemento se coloca con precisión y propósito, creando composiciones visuales que capturan la esencia del difunto homenajeado. Los colores vibrantes, las velas titilantes y los arreglos florales crean una atmósfera de reverencia y celebración.

6.2. Artesanías y Esculturas: La Mano de los Artistas Mexicanos

El Día de Muertos inspira a los artistas a crear una amplia gama de artesanías y esculturas que honran esta festividad. Desde calaveras de azúcar intrincadamente decoradas hasta esculturas de papel maché de gran tamaño, la creatividad y el ingenio de los artesanos mexicanos dan vida a la festividad. Cada pieza es una manifestación de devoción y un tributo a la tradición.

6.3. La Pintura como Expresión del Día de Muertos:

Los artistas plásticos encuentran en el Día de Muertos una fuente inagotable de inspiración. A través de lienzos y murales, exploran la riqueza simbólica y emocional de esta festividad. Las representaciones de calaveras, Catrinas y altares se convierten en ventanas a un mundo donde la muerte se entrelaza con la vida.

6.4. La Fotografía y el Día de Muertos: Inmortalizando la Tradición:

La fotografía desempeña un papel crucial en la preservación y difusión del Día de Muertos. Las imágenes capturan la belleza efímera de las ofrendas y las festividades, preservando así la rica tradición para las generaciones futuras. A través de las lentes de los fotógrafos, el Día de Muertos trasciende el tiempo y el espacio.

6.5. La Escenografía y el Teatro como Medios de Expresión:

En muchas comunidades, el Día de Muertos se celebra a través de representaciones teatrales y escenificaciones. Estas producciones ofrecen una manera de vivir la festividad de manera vivida y participativa. Desde procesiones hasta obras de teatro callejero, el arte escénico se convierte en una forma poderosa de transmitir los valores y la esencia del Día de Muertos.

6.6. El Arte Contemporáneo y el Día de Muertos:

El Día de Muertos sigue siendo una fuente de inspiración para los artistas contemporáneos. A través de medios modernos como la instalación y la actuación, los artistas exploran nuevas formas de expresar la riqueza cultural y espiritual de esta festividad. Sus obras aportan una perspectiva fresca y provocadora a una tradición arraigada.

6.7. El Impacto del Arte en la Perpetuación de la Tradición:

El arte desempeña un papel vital en la continuidad del Día de Muertos como una festividad viva y relevante. A medida que los artistas continúan reinterpretando y expandiendo la estética de esta celebración, contribuyen a mantenerla viva y atractiva para las nuevas generaciones. El arte se convierte en un puente entre el pasado y el presente, conectando a las personas con sus raíces culturales.

En resumen, el Capítulo 6:

Nos sumerge en el mundo del arte y la estética del Día de Muertos en México. Esta festividad es una manifestación viva de la creatividad y la devoción de los artistas, quienes utilizan una amplia gama de medios para expresar la riqueza simbólica y emocional de esta celebración. Desde las ofrendas cuidadosamente elaboradas hasta las esculturas y pinturas que llenan los espacios de celebración, el arte enmarca y enriquece la experiencia del Día de Muertos. A través de la creatividad artística, la tradición del Día de Muertos se mantiene vibrante y relevante, celebrando la vida y honrando a los difuntos de una manera que trasciende el tiempo y el espacio.

Capítulo 7

La Celebración en el Contexto Cultural Mexicano

El Día de Muertos, una festividad intrínsecamente mexicana, trasciende la mera conmemoración de los difuntos para convertirse en una expresión viva de la identidad y la cultura del país. Este capítulo se adentra en el rico contexto cultural que envuelve esta celebración, explorando sus manifestaciones regionales, su relación con la religión y su arraigada influencia en la sociedad mexicana.

7.1. La Fusión de lo Religioso y lo pagano:

El Día de Muertos es un testimonio de la habilidad de México para amalgamar lo religioso con lo pagano. La influencia católica se entrelaza con las antiguas creencias prehispánicas sobre la muerte y la vida después de ella. Esto se manifiesta en la colocación de altares en hogares y cementerios, donde se combinan crucifijos con imágenes de dioses aztecas como Mictlantecuhtli y Mictecacíhuatl.

7.2. Diferencias Regionales y Variaciones Locales:

El Día de Muertos no es una celebración uniforme en todo México. Cada región y comunidad aporta matices y tradiciones distintivas. En Janitzio, Michoacán, por ejemplo, los habitantes realizan procesiones en barcas iluminadas, mientras que, en Mixquic, Ciudad de México, las calles se llenan de tapetes de aserrín multicolores. Estas variaciones enriquecen la festividad y evidencian la diversidad cultural del país.

7.3. La Comida como Vínculo entre los Vivos y los Muertos:

La gastronomía juega un papel central en el Día de Muertos. Los platillos tradicionales como el mole, los tamales y el champurrado son preparados y compartidos en familia. Estos manjares son ofrendados a los difuntos como un gesto de hospitalidad y respeto. Al consumir la comida colocada en los altares, se establece una comunión simbólica entre los vivos y los espíritus.

7.4. La Importancia de los Mercados y Ferias:

Los mercados y ferias desempeñan un papel vital en la celebración del Día de Muertos. Aquí se pueden encontrar una amplia gama de productos relacionados, desde artesanías hasta alimentos y flores. Los comerciantes locales desempeñan un papel esencial al proveer a las familias con los elementos necesarios para la construcción de ofrendas.

7.5. Las Calacas y los Desfiles:

Las calaveras, figuras esqueléticas, se convierten en personajes vivaces durante esta festividad. Desde representaciones teatrales hasta desfiles callejeros, las calacas desempeñan un papel destacado en la celebración. Estas representaciones lúdicas no solo entretienen, sino que también transmiten mensajes de aceptación de la muerte como parte natural de la existencia.

7.6. La Música y el Baile en el Día de Muertos:

La música y el baile añaden una dimensión festiva al Día de Muertos. En muchas regiones, las bandas de música tradicional animan las calles y los cementerios. El son, la cumbia y otros géneros folklóricos se entrelazan con las festividades, creando un ambiente alegre y vibrante.

7.7. Rituales Religiosos y Espirituales:

Aunque el Día de Muertos tiene una raíz prehispánica, la influencia católica es innegable. En algunas regiones, se llevan a cabo misas y procesiones religiosas en honor a los difuntos. Estos rituales brindan un espacio para la reflexión espiritual y la conexión con lo trascendental.

7.8. El Arte y la Creatividad como Manifestaciones del Día de Muertos:

El Día de Muertos inspira a artistas y artesanos a crear obras que honran esta festividad. Desde esculturas hasta pinturas, el arte se convierte en una expresión de la devoción y la admiración hacia los difuntos. Estas creaciones no solo embellecen los altares, sino que también enriquecen el paisaje cultural del Día de Muertos.

7.9. La Familia como Centro de la Celebración:

El Día de Muertos es, en última instancia, una celebración familiar. La preparación de ofrendas y la visita a los cementerios son actividades que unen a las generaciones. Esta festividad refuerza los lazos familiares y proporciona un espacio para el recuerdo y la reflexión.

En resumen, el Capítulo 7:

Nos transporta al vibrante contexto cultural que envuelve al Día de Muertos en México. Esta celebración es un testimonio de la habilidad del país para entrelazar lo religioso y lo pagano, y de la riqueza de su diversidad regional. Desde los mercados hasta las calles adornadas, cada rincón de México palpita con la energía de esta festividad única. A través de la comida, la música, el arte y la participación comunitaria, el Día de Muertos no solo honra a los difuntos, sino que también celebra la vida y la rica cultura de México.

Capítulo 8

El Impacto del Día de Muertos en la Cultura Popular

El Día de Muertos, una celebración profundamente arraigada en la cultura mexicana, ha trascendido fronteras y se ha convertido en un fenómeno global. Este capítulo explora cómo esta festividad ha influenciado y dejado su huella en la cultura popular a nivel nacional e internacional.

8.1. El Día de Muertos en el Cine y la Televisión:

El cine y la televisión han sido vehículos poderosos para difundir el Día de Muertos a nivel mundial. Películas como "Coco" de Disney-Pixar y producciones televisivas han presentado esta festividad de manera auténtica y conmovedora, lo que ha contribuido a una mayor comprensión y aprecio de esta tradición mexicana en audiencias de todo el mundo.

8.2. El Día de Muertos en la Literatura y las Artes Visuales:

La literatura y las artes visuales han capturado la esencia y la riqueza simbólica del Día de Muertos. Autores y artistas de renombre han dedicado sus obras a esta festividad, explorando sus temas y representaciones en profundidad. A través de la palabra escrita y la imagen, el Día de Muertos se ha convertido en un tema recurrente en la expresión artística.

8.3. El Día de Muertos en la Moda y el Diseño:

El simbolismo y la estética del Día de Muertos han inspirado a diseñadores de moda y creadores de tendencias. Desde desfiles de moda hasta colecciones cápsula, el arte y la iconografía de esta festividad han dejado una marca indeleble en el mundo de la moda. Los elementos como las calaveras y las Catrinas se han convertido en motivos recurrentes en diseños de ropa y accesorios.

8.4. El Día de Muertos en la Música y el Entretenimiento:

La música y el entretenimiento han sido plataformas cruciales para la difusión del Día de Muertos. Artistas de renombre internacional han incorporado elementos de esta festividad en sus actuaciones y videoclips, ayudando a difundir la riqueza cultural de esta tradición a audiencias globales.

8.5. El Día de Muertos como Tema de Turismo y Eventos Culturales:

El Día de Muertos se ha convertido en un atractivo turístico de gran importancia en México. Ciudades como Oaxaca, Janitzio y Mixquic reciben a visitantes de todo el mundo que desean experimentar esta festividad de primera mano. Además, eventos culturales y festivales dedicados al Día de Muertos se celebran en numerosas partes del país, ofreciendo una oportunidad para celebrar y aprender sobre esta tradición.

8.6. El Día de Muertos como Fenómeno Global:

El impacto del Día de Muertos no se limita a México, sino que ha resonado a nivel mundial. Ciudades en diversos países ahora celebran esta festividad, adoptando y adaptando sus tradiciones para reflejar sus propias culturas y comunidades.

En resumen, el Capítulo 8:

Destaca el profundo impacto del Día de Muertos en la cultura popular, tanto a nivel nacional como internacional. Desde el cine y la televisión hasta la moda y el diseño, esta festividad ha permeado diversas formas de expresión cultural. Su presencia en la literatura, las artes visuales y la música demuestra su relevancia y poder como fuente de inspiración creativa. A medida que el Día de Muertos continúa resonando en todo el mundo, su legado perdura como un testimonio de la capacidad de las tradiciones culturales para trascender fronteras y enriquecer el patrimonio global.

Capítulo 9

Día de Muertos y la Identidad Nacional

El Día de Muertos, arraigado en la cultura mexicana desde tiempos ancestrales, ha evolucionado para convertirse en un pilar fundamental de la identidad nacional. Este capítulo explora cómo esta festividad refleja y contribuye a la construcción de la Identidad de México como Nación.

9.1. El Día de Muertos como Símbolo de Mexicanidad:

El Día de Muertos encapsula la esencia misma de la mexicanidad. A través de sus rituales, simbolismo y significado profundo, esta festividad encarna los valores, creencias y perspectivas únicas de la cultura mexicana. Es una celebración que trasciende las barreras geográficas y socioeconómicas, uniendo a la nación en una experiencia compartida.

9.2. La Continuidad Cultural a Través de las Generaciones:

El Día de Muertos es una tradición que se transmite de generación en generación. La participación en esta festividad se convierte en un rito de paso, un vínculo que conecta a los miembros más jóvenes con sus raíces culturales y con las generaciones pasadas. A través de esta continuidad, se fortalece el sentido de pertenencia y la conexión con la historia y la herencia de México.

9.3. El Día de Muertos como Resistencia Cultural:

A lo largo de la historia, el Día de Muertos ha resistido los intentos de homogeneización cultural y ha permanecido como una expresión auténtica de la identidad mexicana. En tiempos de cambio y transformación, esta festividad ha servido como un recordatorio de la rica diversidad cultural y espiritual de México.

9.4. El Día de Muertos y la Intersección de lo Religioso y lo Espiritual:

El Día de Muertos ilustra la intersección entre la religión y la espiritualidad en la cultura mexicana. Si bien tiene raíces en las creencias prehispánicas, la influencia católica también se refleja en los rituales y símbolos de esta festividad. Esta combinación de elementos religiosos y espirituales es emblemática de la complejidad y la riqueza de la identidad mexicana.

9.5. El Día de Muertos como unificador Nacional:

Aunque el Día de Muertos puede tener variaciones regionales, se celebra en todo México. Es una festividad que une a las diferentes partes del país en una celebración común de la vida y la muerte. A través de esta unión, se refuerza el sentido de identidad nacional y se celebra la diversidad cultural de México

9.6. El Día de Muertos en el Contexto de la Globalización:

En un mundo cada vez más globalizado, el Día de Muertos también ha adquirido relevancia a nivel internacional. La difusión de esta festividad ha contribuido a la proyección de la cultura mexicana en el escenario mundial, consolidando su posición como una de las expresiones culturales más reconocidas y apreciadas a nivel global.

9.7. El Día de Muertos y la Construcción de una Narrativa Nacional:

El Día de Muertos desempeña un papel crucial en la construcción de una narrativa nacional en México. A través de sus rituales y símbolos, se narra una historia de continuidad, resistencia cultural y celebración de la vida y la muerte. Esta narrativa contribuye a definir y fortalecer la identidad nacional mexicana.

En resumen, el Capítulo 9:

Destaca el papel fundamental del Día de Muertos en la construcción y afirmación de la identidad nacional de México. Esta festividad no solo representa una celebración de la vida y la muerte, sino también una afirmación de los valores, creencias y tradiciones que definen a la cultura mexicana. A través del Día de Muertos, se tejen los hilos que unen a la nación, fortaleciendo el sentido de pertenencia y la conexión con la rica herencia cultural de México.

Capítulo 10

El Día de Muertos en el Turismo Cultural

El Día de Muertos, una festividad arraigada en la cultura mexicana, ha emergido como un atractivo turístico de renombre a nivel global. Este capítulo examina cómo esta celebración ha influido en el turismo cultural, atrayendo a visitantes de todo el mundo y generando un impacto significativo en la economía y la promoción de la cultura mexicana.

10.1. La Evolución del Día de Muertos como Destino Turístico:

En las últimas décadas, el Día de Muertos ha ganado popularidad como destino turístico en México. Lo que una vez fue principalmente una festividad local, ahora atrae a viajeros de todas las nacionalidades que buscan experimentar de primera mano esta celebración única y profundamente arraigada en la cultura mexicana.

10.2. Oaxaca: Epicentro del Turismo del Día de Muertos:

La ciudad de Oaxaca se ha destacado como uno de los destinos más populares para celebrar el Día de Muertos. Sus vibrantes festividades, altares exquisitamente decorados y tradiciones auténticas atraen a visitantes de todo el mundo. La riqueza cultural y artística de Oaxaca se convierte en un escenario perfecto para experimentar la profundidad y la belleza de esta festividad.

10.3. Janitzio y Mixquic: Destinos Emblemáticos del Día de Muertos:

Janitzio en Michoacán y Mixquic en la Ciudad de México también son destinos icónicos para celebrar el Día de Muertos. Estas comunidades preservan y comparten sus tradiciones de una manera auténtica, ofreciendo a los visitantes la oportunidad de sumergirse en la experiencia completa de esta festividad.

10.4. El Impacto Económico del Turismo del Día de Muertos:

El auge del turismo del Día de Muertos ha tenido un impacto económico significativo en las comunidades anfitrionas. Desde el aumento de la demanda de alojamiento y servicios turísticos hasta la promoción de productos locales y artesanías, esta festividad impulsa la economía local y crea oportunidades de empleo en las regiones que la celebran.

10.5. Desafíos y Oportunidades del Turismo del Día de Muertos:

Aunque el turismo del Día de Muertos ha traído beneficios económicos, también presenta desafíos. La presión sobre los recursos naturales y culturales, así como la necesidad de preservar la autenticidad de la festividad, son preocupaciones importantes. Sin embargo, con una gestión cuidadosa y sostenible, el turismo del Día de Muertos tiene el potencial de ser una fuente continua de ingresos y promoción cultural para las comunidades anfitrionas.

10.6. El Papel de la Promoción y Difusión:

La promoción efectiva del turismo del Día de Muertos es fundamental para atraer visitantes y garantizar una experiencia enriquecedora. Campañas de marketing, festivales y eventos especiales juegan un papel crucial en la difusión de la festividad a nivel nacional e internacional.

10.7. El Día de Muertos como Puente Cultural:

El turismo del Día de Muertos no solo beneficia a las comunidades locales, sino que también fomenta la comprensión intercultural y promueve el respeto por las tradiciones de México. Al abrir sus puertas a visitantes de todo el mundo, las comunidades anfitrionas crean puentes de entendimiento y aprecio mutuo entre diferentes culturas.

10.8. La Sostenibilidad en el Turismo del Día de Muertos:

Es crucial abordar el turismo del Día de Muertos desde una perspectiva de sostenibilidad. La preservación del entorno natural y cultural, así como el respeto por las tradiciones y las comunidades locales, son fundamentales para garantizar que esta festividad continúe siendo una experiencia auténtica y enriquecedora para las generaciones futuras.

En resumen, el Capítulo 10:

Destaca el creciente impacto del Día de

Muertos en el turismo cultural en México. Esta festividad ha evolucionado de ser una celebración local a convertirse en un atractivo turístico de renombre a nivel mundial. A través del turismo del Día de Muertos, las comunidades anfitrionas encuentran oportunidades económicas y culturales, al tiempo que comparten la riqueza de sus tradiciones con el mundo. Sin embargo, es esencial abordar este fenómeno con responsabilidad y sostenibilidad para garantizar que la autenticidad y la integridad de la festividad se preserven a lo largo del tiempo. El turismo del Día de Muertos no solo enriquece las comunidades locales, sino que también promueve la comprensión y el respeto intercultural, fortaleciendo así los lazos entre culturas y países.

Capítulo 11

Día de Muertos y la Educación

El Día de Muertos, más allá de ser una festividad cultural, tiene un importante papel en la educación. Este capítulo explora cómo esta celebración puede ser una herramienta pedagógica valiosa, enseñando valores, historia y fomentando la apreciación de la diversidad cultural en el ámbito educativo.

11.1. El Día de Muertos como Recurso Educativo:

El Día de Muertos ofrece una rica fuente de material educativo que abarca diversos campos, desde la historia y la antropología hasta las artes y la literatura. A través de la celebración de esta festividad, los estudiantes tienen la oportunidad de aprender sobre la cultura mexicana de una manera participativa y experiencial.

11.2. La Importancia de la Tradición Oral y Narrativa:

El Día de Muertos se transmite a través de historias y narrativas transmitidas de generación en generación. Al incluir estas tradiciones orales en el currículo educativo, se fomenta la apreciación de la historia y la herencia cultural de México. Los estudiantes tienen la oportunidad de escuchar y compartir historias, promoviendo así una comprensión más profunda de la festividad.

11.3. La Creación de Ofrendas como Proyecto Educativo:

La elaboración de ofrendas puede convertirse en un proyecto educativo en sí mismo. Los estudiantes pueden investigar sobre la festividad, aprender sobre la importancia de cada elemento en la ofrenda y participar activamente en su creación. Este proyecto fomenta la investigación, la creatividad y la colaboración entre los estudiantes.

11.4. El Día de Muertos y la Enseñanza de la Tolerancia Cultural:

Al aprender sobre el Día de Muertos, los estudiantes tienen la oportunidad de explorar y apreciar una cultura diferente a la suya. Esto fomenta la tolerancia cultural y la apertura hacia las tradiciones y creencias de otras comunidades. Los estudiantes aprenden a valorar la diversidad cultural y a respetar las diferencias.

11.5. El Día de Muertos y la Reflexión sobre la Vida y la Muerte:

El Día de Muertos invita a los estudiantes a reflexionar sobre temas fundamentales como la vida, la muerte y la trascendencia. A través de actividades y discusiones, los estudiantes pueden explorar sus propias creencias y filosofías sobre estos temas universales.

11.6. El Día de Muertos y la Promoción de Valores Humanos:

Esta festividad promueve valores como el respeto, la gratitud y la compasión hacia los seres queridos que han fallecido. Al incorporar estos valores en la educación, se fomenta el desarrollo de una ética basada en el respeto por la vida y la apreciación de las relaciones humanas.

11.7. El Día de Muertos como Puente Entre Generaciones en el Aprendizaje:

El Día de Muertos brinda la oportunidad de involucrar a las familias en el proceso educativo. Los estudiantes pueden compartir sus experiencias y aprendizajes sobre la festividad con sus familias, promoviendo así una conexión entre lo que se aprende en la escuela y la vida cotidiana.

En resumen, el Capítulo 11:

Destaca el potencial educativo del Día de Muertos como una herramienta pedagógica valiosa. Esta festividad ofrece una rica fuente de material educativo que abarca una amplia gama de temas. Al integrar el Día de Muertos en el currículo educativo, se promueve el aprendizaje interdisciplinario y se fomenta la apreciación de la diversidad cultural. La creación de ofrendas y la exploración de las narrativas orales también ofrecen oportunidades para el aprendizaje experiencial y la reflexión sobre temas fundamentales de la vida y la muerte. El Día de Muertos no solo enriquece el proceso educativo, sino que también promueve valores humanos y la conexión entre generaciones en el aprendizaje.

Capítulo 12

Día de Muertos en el Mundo

El Día de Muertos, una festividad arraigada en la cultura mexicana, ha trascendido fronteras y ha capturado el interés y la celebración de diversas comunidades en todo el mundo. Este capítulo explora cómo esta festividad ha encontrado resonancia en diferentes culturas y cómo se ha adaptado y fusionado con otras tradiciones en el ámbito internacional.

12.1. El Día de Muertos como Fenómeno Global:

En las últimas décadas, el Día de Muertos ha ganado popularidad a nivel internacional y se ha convertido en una festividad celebrada en diferentes partes del mundo. Comunidades en varios países han adoptado esta tradición mexicana, creando versiones únicas que reflejan su propia cultura y contexto.

12.2. El Día de Muertos en la Diáspora Mexicana:

Las comunidades de la diáspora mexicana han desempeñado un papel crucial en la difusión y celebración del Día de Muertos en el extranjero.

Manteniendo fuertes lazos con sus raíces culturales, los mexicanos en el extranjero han llevado consigo la tradición del Día de Muertos y la han compartido con sus nuevas comunidades.

12.3. Adaptaciones y Fusiones Culturales:

En diferentes países, el Día de Muertos ha experimentado adaptaciones y fusiones con otras festividades o tradiciones locales. Por ejemplo, en algunos lugares se ha entrelazado con celebraciones similares en recuerdo de los difuntos. Esta adaptación refleja la capacidad de las tradiciones culturales para evolucionar y resonar en contextos diferentes.

12.4. El Día de Muertos como Puente Cultural:

La celebración del Día de Muertos en el extranjero no solo promueve la apreciación de la cultura mexicana, sino que también actúa como un puente cultural entre comunidades diversas. La festividad ofrece una oportunidad para el intercambio de experiencias y la comprensión mutua entre personas de diferentes orígenes culturales.

12.5 El Día de Muertos como Herramienta de Educación Cultural:

La celebración del Día de Muertos en el extranjero también ha encontrado un lugar en el ámbito educativo. Escuelas y universidades utilizan esta festividad como una herramienta para enseñar sobre la cultura mexicana, promoviendo así la apreciación de la diversidad y la interculturalidad.

12.6. Desafíos y Controversias en la Celebración Internacional del Día de Muertos:

A medida que el Día de Muertos se ha internacionalizado, también ha generado debates y controversias. Algunos argumentan que la comercialización y apropiación cultural pueden desvirtuar la autenticidad y el significado original de la festividad. Es importante abordar estos desafíos de manera sensata y respetuosa.

12.7. El Futuro del Día de Muertos en el Mundo:

El Día de Muertos continúa siendo una festividad dinámica y en evolución en el ámbito internacional. A medida que se adapta y fusiona con otras tradiciones, se espera que siga resonando en diversas comunidades alrededor del mundo, fortaleciendo así los lazos entre culturas y promoviendo la apreciación de la diversidad cultural.

En resumen, el Capítulo 12:

Resalta la expansión y celebración del Día de Muertos en el mundo, mostrando cómo esta festividad mexicana ha encontrado eco y relevancia en diversas culturas. Desde la diáspora mexicana hasta adaptaciones locales y celebraciones globales, el Día de Muertos ha actuado como un puente cultural entre comunidades diversas. A través de eventos, educación y celebraciones internacionales, esta festividad ha enriquecido el tejido cultural global. Sin embargo, también es crucial abordar los desafíos y controversias que pueden surgir en la celebración internacional del Día de

Muertos, asegurando que se lleve a cabo con respeto y autenticidad. En última instancia, se espera que el Día de Muertos continúe evolucionando y resonando en todo el mundo, promoviendo así la apreciación y comprensión de la rica diversidad cultural que existe en nuestro planeta.

Capítulo 13

Desafíos y Controversias Actuales en la Celebración del Día de Muertos

A pesar de la popularidad y el aprecio que ha ganado a nivel nacional e internacional, la celebración del Día de Muertos enfrenta diversos desafíos y controversias en la actualidad. Este capítulo explora los dilemas y debates que rodean a esta festividad, abordando cuestiones de apropiación cultural, comercialización y preservación de la autenticidad.

13.1. Apropiación Cultural y Comercialización:

Uno de los principales desafíos que enfrenta el Día de Muertos es la apropiación cultural. En algunos casos, la festividad ha sido adoptada y adaptada por personas y empresas ajenas a la cultura mexicana, lo que ha generado preocupaciones sobre la autenticidad y el respeto hacia las tradiciones originales. Además, la comercialización excesiva de productos y eventos relacionados con el Día de Muertos ha llevado a una mercantilización de la festividad, planteando interrogantes sobre la integridad y el significado profundo de la celebración.

13.2. La Balanza entre la Tradición y la Modernidad:

A medida que la sociedad evoluciona y se moderniza, el Día de Muertos se enfrenta al desafío de mantener su autenticidad y relevancia en un mundo en constante cambio. La incorporación de elementos contemporáneos y tecnológicos en la celebración, si no se hace de manera respetuosa y significativa, puede dar lugar a la pérdida de la esencia tradicional de la festividad.

13.3. Preservación de la Autenticidad y Diversidad Regional:

El Día de Muertos tiene una rica diversidad regional en México, con variaciones en las tradiciones y prácticas según la zona geográfica. La preservación de esta autenticidad regional es crucial para mantener la diversidad cultural y para asegurar que la festividad no se homogenice en una versión estandarizada. Los desafíos radican en encontrar un equilibrio entre la preservación de las tradiciones locales y la promoción de la festividad a nivel nacional e internacional.

13.4. Inclusión y Respeto por las Creencias Religiosas:

Aunque el Día de Muertos es una celebración que fusiona elementos de creencias prehispánicas con la influencia católica, es importante reconocer y respetar las diversas creencias religiosas presentes en la sociedad. Esto implica la necesidad de una comprensión profunda y respetuosa de las distintas perspectivas religiosas en la celebración de esta festividad.

13.5. La Importancia del Diálogo y el Consentimiento:

En casos donde la celebración del Día de Muertos se comparte o adopta en contextos no mexicanos, es esencial establecer un diálogo respetuoso con la comunidad mexicana y obtener su consentimiento. Escuchar las voces y perspectivas de las personas que tienen un vínculo cultural directo con la festividad es crucial para evitar la apropiación cultural y garantizar una celebración auténtica y respetuosa.

En resumen, el Capítulo 13:

Destaca los desafíos y controversias actuales que enfrenta la celebración del Día de Muertos. Desde la apropiación cultural y la comercialización excesiva hasta la preservación de la autenticidad y la inclusión de diversas creencias, estos dilemas requieren una reflexión cuidadosa y un compromiso con el respeto y la autenticidad cultural. A través del diálogo, la educación y la sensibilización, es posible abordar estos desafíos de manera constructiva y asegurar que el Día de Muertos siga siendo una celebración significativa y respetuosa en el contexto actual.

Capítulo 14

El Futuro del Día de Muertos como Patrimonio Cultural de la Humanidad

El Día de Muertos ha alcanzado un estatus especial como Patrimonio Cultural de la Humanidad, lo que refleja su importancia y trascendencia a nivel global. Este capítulo examina el camino que puede tomar esta festividad en el futuro, considerando posibles evoluciones, desafíos y oportunidades para preservar y enriquecer su legado como un tesoro cultural de la humanidad.

14.1. La Evolución de las Tradiciones:

A medida que la sociedad evoluciona, es probable que el Día de Muertos continúe experimentando adaptaciones y evoluciones. La incorporación de elementos contemporáneos y la exploración de nuevas formas de expresión artística y ritualista que pueden enriquecer la festividad, manteniendo su relevancia en el mundo moderno.

14.2. La Preservación de la Autenticidad Cultural:

A pesar de las posibles evoluciones, es crucial mantener la autenticidad cultural del Día de Muertos. La preservación de las tradiciones, rituales y significados fundamentales de la festividad es esencial para asegurar que conserve su identidad única como celebración de la vida y la muerte.

14.3. La Educación y la Transmisión de la Tradición:

La educación juega un papel crucial en el futuro del Día de Muertos. Es importante que las generaciones futuras comprendan y aprecien la profundidad cultural y espiritual de esta festividad. La transmisión de la tradición a través de la enseñanza y la narración oral es esencial para asegurar su continuidad.

14.4. El Día de Muertos en un Mundo Globalizado:

En un mundo cada vez más interconectado, el Día de Muertos tiene el potencial de continuar trascendiendo fronteras y llegar a nuevas audiencias. La celebración internacional de esta festividad puede fortalecer los lazos entre culturas y promover la apreciación de la diversidad cultural en un contexto global.

14.5. Desafíos de Sostenibilidad y Respeto Cultural:

A medida que el Día de Muertos crece en popularidad, es importante abordar los desafíos de sostenibilidad y respeto cultural. La gestión responsable de la festividad, el manejo adecuado de los recursos y la promoción de prácticas respetuosas son esenciales para preservar su integridad y significado.

14.6. El Papel de la Comunidad y la Participación Activa:

La participación activa de las comunidades locales y la colaboración entre diferentes sectores de la sociedad son fundamentales para el futuro del Día de Muertos. La festividad es un reflejo de la identidad y la creatividad de la comunidad, y su continuo enriquecimiento depende del compromiso de sus miembros.

`14.7. La Exploración de Nuevas Formas de Celebración:

A medida que el Día de Muertos evoluciona, es posible que surjan nuevas formas de celebración y expresión artística. La experimentación con elementos como la tecnología, el arte contemporáneo y otras formas de expresión cultural puede llevar a la creación de experiencias innovadoras y significativas.

En resumen, el Capítulo 14:

Plantea el futuro del Día de Muertos como Patrimonio Cultural de la Humanidad. A través de la evolución de las tradiciones, la preservación de la autenticidad cultural y la educación, esta festividad tiene el potencial de seguir siendo una celebración profundamente significativa y trascendente. Sin embargo, también es importante abordar desafíos como la sostenibilidad y el respeto cultural para garantizar que el Día de Muertos continúe enriqueciendo la cultura global en las décadas venideras.

GLOSARIO

1. **Amalgama:** Mezcla o fusión de diferentes elementos culturales para crear una nueva identidad cultural o para enriquecer y diversificar una cultura existente.
2. **Auge:** Se refiere al punto más alto o al periodo de mayor intensidad, éxito o desarrollo de algo. Puede aplicarse a situaciones económicas, culturales, políticas o cualquier otra área en la que se experimente un crecimiento o incremento máximo.
3. **Cosmovisiones:** Formas particulares en que diferentes culturas y sociedades interpretan y comprenden el mundo que les rodea.
4. **Crucifijos:** Objeto religioso que representa a Jesucristo crucificado en una cruz.
5. **Desvirtuar:** Se refiere a distorsionar o alterar el significado, la naturaleza o la verdadera esencia de algo.
6. **Dualidad:** Término que se refiere a la existencia de dos caracteres o fenómenos distintos en una misma persona o en un mismo estado de cosas.

7. **Efímera:** Se refiere a algo que tiene una duración muy breve o que dura por un corto período de tiempo. Esta palabra se utiliza para describir cosas, situaciones o fenómenos que son transitorios, fugaces o pasajeros.
8. **Evocan o Evocar:** Significa traer a la mente o recordar conscientemente algo, ya sea un recuerdo, una imagen, un sentimiento, o incluso una idea. También puede implicar invocar o hacer que algo se presente en la mente de manera deliberada.
9. **Indeleble:** Algo que no se puede borrar, eliminar o borrar fácilmente, ya sea de manera literal o en un sentido figurado. Es algo que deja una marca o una impresión duradera y permanente.
10. **Inextricable:** Algo que es extremadamente complicado o difícil de desentrañar, separar o resolver. Se refiere a situaciones, problemas o relaciones que están tan entrelazados o enredados que es casi imposible distinguir o separar sus componentes individuales.
11. **Intrincadas:** Cuando algo se describe como intrincado, implica que contiene numerosos detalles, partes o relaciones que pueden ser difíciles

de comprender o resolver debido a su complejidad.
12. **Intrínseco:** Aquello que es esencial, inherente y fundamental a la naturaleza interna de algo o alguien, y no depende de factores externos para existir.
13. **Lúdico:** Todo lo relacionado con el juego, la diversión y la actividad recreativa, y sugiere un enfoque participativo y entretenido en diversas situaciones y actividades.
14. **Matices:** Variaciones o sutilezas que se pueden encontrar dentro de un mismo tema, situación, color, tono o concepto.
15. **Nivelador:** Herramienta utilizada para determinar si una superficie está horizontal o verticalmente alineada. También puede referirse a algo que equilibra o iguala una situación.
16. **Ostentoso:** Es un adjetivo que se utiliza para describir algo que es excesivamente llamativo, que busca llamar la atención de manera ostensible y a menudo de manera exagerada.
17. **Pagano:** El término "pagano" a menudo se usa para describir a personas que siguen religiones no abrahámicas o que practican

espiritualidades que están arraigadas en tradiciones pre-cristianas.
18. **Permeado:** Es un término que se utiliza para describir cuando una sustancia o elemento ha impregnado o penetrado completamente otra sustancia, de manera que se mezclan o se fusionan de forma uniforme.
19. **Satírica:** Es un adjetivo que se utiliza para describir obras literarias, artísticas o discursos que emplean la sátira como técnica. La sátira es una forma de expresión que utiliza la ironía, el sarcasmo y la burla para criticar o ridiculizar aspectos sobre algo.
20. **Titilante:** Se refiere a algo que parpadea o destella suavemente de manera intermitente, y puede usarse tanto literalmente para describir una luz como de manera figurada para describir algo delicado y fugaz pero encantador.
21. **Unificador:** Alguien o algo que promueve la unidad y la armonía entre diferentes elementos, grupos o individuos, trabajando para integrarlos en un todo coherente y colaborativo.
22. **Universalidad:** Cualidad o condición de ser aplicable, válido o relevante en todos los casos o situaciones, sin

importar el contexto, la cultura, el tiempo o el lugar. Algo que es considerado universal es válido y aplicable de manera general y amplia.
23. **Xilografía:** Técnica de impresión con plancha de madera. En resumen, las xilografías son grabados o impresiones realizadas a partir de una plancha de madera tallada. Este proceso ha sido una forma importante de arte y reproducción de imágenes a lo largo de la historia.

ESTIMADOS LECTORES

Es con profundo agradecimiento que me dirijo a ustedes tras explorar juntos el fascinante universo del "Día de Muertos como Patrimonio Cultural de la Humanidad". Vuestra dedicación a esta temática ha sido el motor que ha impulsado este viaje de descubrimiento y reflexión.

A través de estas páginas, redacto desde las raíces históricas y la riqueza simbólica de esta festividad que se celebra en México, comprendiendo su evolución y significado en el contexto global. Vuestras mentes curiosas y corazones abiertos han permitido que este tema cobre vida de una manera única.

Espero sinceramente que esta experiencia haya enriquecido vuestro entendimiento del Día de Muertos y su importancia como patrimonio cultural compartido por toda la humanidad. Cada uno de vosotros ha contribuido a hacer de este viaje una experiencia memorable y enriquecedora.

Agradezco también por vuestra participación activa, preguntas y comentarios reflexivos. Vuestra involucración ha añadido capas de profundidad a nuestra exploración y ha enriquecido la conversación en torno a este tema tan significativo de México para el mundo.

Es mi esperanza que este viaje no se detenga aquí, sino que siga inspirándonos a explorar y valorar la riqueza de las celebraciones culturales.

Con gratitud y aprecio:

Yujaina Bonilla Yañez

REFERENCIAS PERSONALES

Facebook: *Yujis Bonilla Yñz*

Instagram: *Fresa Bonilla*

Gmail: *yujisby1@gmail.com*

WhatsApp:2471312239

Made in the USA
Coppell, TX
08 August 2024